붉은 주파수의 저녁

박미향 시집

시인동네 시인선 241 박미향 시집

붉은 주파수의 저녁

시인동네

시인의 말

격랑이 없는
죽은 가슴을 안고

폐교의 낮은 담장 앞에서
비를 긋는다.

문득,
작은 빗방울 하나가
발등을 타고 올라와
내 가슴의 미닫이를 밀고
가만히 앉는다.

빗방울의 무게가 부풀어진다.

격랑의 시작이었다.

2024년 10월
박미향

차례

시인의 말

제1부

나는 너에게 조금씩 조금씩 · 13

밤의 말 · 14

뭉크의 뭉크 · 16

풍치 · 18

비스포크 · 20

골다공증 · 21

연못 · 22

부채 하나를 선물 받았어요 · 24

오독 · 26

스프링 벅 · 28

줄리의 정원 · 30

동창회 · 31

물병자리 서영에게 · 32

결혼 주의보 · 34

게임의 법칙 · 36

제2부

우기 · 39

깁스 · 40

요양병원 · 42

처서 · 44

전어 · 45

왼쪽 마음을 구부렸더니 · 46

혼자 노는 하루 · 48

꿈꾸는 월요일 · 50

발 빠짐 미학 · 51

완행버스로 다녀왔다 · 52

자라 · 54

뒤꿈치가 자꾸 벗겨지는 양말처럼 · 56

아직입니다 · 57

푸니카세아 · 58

유리병 속의 별 · 60

여름휴가 · 62

제3부

앵두나무 · 65

나팔꽃과 주파수 · 66

일요일의 뒤편 · 68

실컷 나도 · 70

굴전을 부치다 · 71

은하수를 잘못 삼켜 기침을 하는 동안 · 72

수습되지 않는 날은 내버려둘까요 · 74

엄마의 집 · 75

신혼 · 76

그 창가에 두고 왔어요 · 78

정년퇴직 · 79

아버지가 벽에 걸려 있다 · 80

알리오 올리오 · 82

간격 · 84

끓는 주전자 속에 네가 있다 · 85

연극의 끝 · 86

제4부

태몽 · 89

진주문고 카페의 봄 · 90

새벽기도 · 92

졸혼 · 93

점멸등 · 94

리스본행 야간열차와 김밥 · 96

봄밤 · 98

실종 · 99

버킷리스트의 외출 · 100

회화나무가 있는 고택 · 102

화장을 해 주세요 · 103

우포늪을 밀다 · 104

샤갈의 물통 · 106

읽고 싶은 동화 · 108

해설 상실과 그리움으로 쌓아 올린 세계 · 109
       이현호(시인)

제1부

나는 너에게 조금씩 조금씩

여름 감기를 앓았다

짓물러진 복숭아를 부분 부분 도려냈다
변색이 된 곳도 복숭아 냄새는 났다

목청 터지게 매미가 운다

너도 옳았고 나도

옳았다

밤의 말

머리를 감았어요

먹물이 흘러내려요 오늘도
난간입니다

난간을 잘라내고 난간을 끼워 넣습니다

각이 맞지 않는 오후를 계속 두드리고 있습니다
누가 전화를 걸어오면

금세 튀어 오르겠지만 전화기는 지금
먹물입니다

복숭아와 거미와 파도를 놓고 고민하고 있습니다
어느 것을 따라가야 그들의 내면을 가져올 수 있을까요

빙수를 먹습니다 꽁꽁 얼어 있는 생각들입니다
녹아내리기엔 당신과의 거리가 너무 두껍습니다

새를 육각형으로 접습니다 마음이 분주하여
새는 날지 못하지만

여섯 개의 모서리가 나는 좋습니다

마음이 손끝까지 다다르기엔
나는 너무 좁고 어둡습니다

뭉크의 뭉크

이 입구를 통과하면
아침이 보이나요

검은 입속으로 들어가도
사랑은 질식하지 않고 견딜 수 있나요

푸른 병에서 떨어지는 수액처럼
한 방울 한 방울 스며들었던 날들을 이제 잠가야 될 거예요

가면 갈수록 사막의 발자국이 보이는데

맨살 그대로 널어놓았던 햇볕 한 벌
이제 걷어도 되나요

여태껏 꿈꾼 적이 없는 방에서
나의 무기력은 이제 울지도 않죠

여름이 끝나가고 있어요

지는 것도 하나의 희망이죠
손 흔드는 계절엔 운명이 수두룩해요

풍치

이빨이 흔들렸다

참말과 거짓말 사이에서

구름과 지붕은 아름답게 연애하고
하늘은 연못 속에 빠진 나무 곁에 머물렀다

바람이 단단해지면
눈썹 밑에 투명한 뿌리가 자랐다

저녁은 오래 배고프고
길들은 갔다가 돌아왔다

찻집마다 피어오르는 말들이 창문을 흔들 때
멀리 떠나온 혀는 섬이 되었다

섬에서 자란 말들은 짜고 눅눅했다

저, 고립의 언어가
너였다

비스포크

 강화유리의 슬픔을 아니? 매끄러운 알레르기, 건드리면 주르륵 전생이 쏟아져 얼리지 않으면 안 되는 슬픔이 있지 냉장된 감정이 냉동되는 데에는 한 치의 오차도 없어 틈의 역할은 중요해 하하하하 웃음을 얼리면 몇 그램이 될까? 어제 만난 너를 냉장실에 보관했어 어제의 신선함이 상하면 안 되잖아 두고두고 아껴먹고 싶은 건 따로 있어 사람들은 다 알아 흔들리는 눈빛을 따라 들어가면 불안한 네가 웅크리고 있지 앗! 문을 열지 마

 문을 열 때마다 내가 녹고 있어

 언제까지 나는 너에게서 싱싱할 수 있을까?

골다공증

독설도 고집도 집착도 빛깔도 사랑도 기준도
천둥도 봄도 단맛도 너도

다
빠져나가고

남은
빈 집 한 채

드디어
무너질 기회가 왔다

연못

어제 한 친구가 죽었어요
너무 열심히 살아서 더 이상 살 게 없다고,

나는 아직 유서를 쓸 수 없어요

지각하는 꿈을 꾸다 깨어나면
내 곁엔 아무도 없고

모두 유서를 쓰러 갔나 봐요

가끔 물고기가 튀어 오르는 밤이 있어요
누가 깰까 봐
소리내어 울지 않아요

조심스럽게 물고기를 유인해요
밤마다 나는 내 몸에 청진기를 대고 있어요

의심되는 곳이 너무 많아요

청진기가 감지하지 못하는 나의 연못을

그동안 나도
몰랐어요

부채 하나를 선물 받았어요

고양이 한 마리가 까만 털을 세우고
부채 속에 앉아 있어요

한낮이 녹고 있는 마당에 뜨거운 발자국을 던지고
잽싸게 부채 안으로 뛰어들었나 봐요

고양이에게 더위를 걷어내면 마당엔
푸른 자두가 익을까요

들쥐가 원추리꽃을 뜯어먹는 갤러리는 이제
누가 지키나요

붓을 쥔 화가의 손놀림이 얼마나 다급하고 불안했는지
나뭇등걸에 할퀸 붉은 상처는 지우지 못했나 봐요

발톱을 세운 쪽으로 대일밴드 하나 붙여 주어야겠어요

저 녀석 눈이 마주치자 소리를 지르네요

긴장이 되었는지 입을 금세 오므렸어요
첫인사는 누구에게나 그런거죠
와중에도 눈빛은 화룡점정입니다

부채의 접힌 자국을 펼 때마다 떫은 자두의 푸른 바람이 일어요
까만 털 속에 자두의 신맛이 촘촘 박혀 있어요

부채를 부치면
바람 한 자루를 곁에 놓고
한 묶음씩 부채에 옮겨 그린 손끝이 풀려나와요

더위는 이제 푸른 자두 맛이에요

오독

늙은 옥수수밭에 비 내린다

여름을 가득 실은 수레가 물끄러미 사라진다
사라지는 단면을 한 장 걷어냈다

비행기와 서쪽 하늘과 잠자리채와
껍질이 벌어진 과일의 저녁은 일기장에 으깨어졌다
연락이 끊겼던 사람은
죽어서 연락이 되었다

가을장마는 지상에 무늬를 두고 땅속으로 헤엄쳐 들어갔다
꽃들은 공터를 좋아했고 밤늦게 우는 새들도 있었다

바람이 내 얼굴을 지웠다
바람에도 색깔이 있었지만 물들지 않았다
다행이었다
다행이지 않았다

사라진 것들과 내가 한 문장으로 만났다

한 줄의 텅 빈

스프링 벅

밤늦도록 삶은 메추리알을 깠다

생명이 없는 알들이 하얗게 쌓여갔다

얼마나 많이
죽음의 장소에 우편번호를 적고 얼마나 많이
물간 껍질을 벗겼는가

접혀서 퍼지지 않는 날개를 만지는 날엔
유독 바람이 많았다

무거운 배낭을 메고
먹구름을 불며 칼라하리사막을 종횡무진 달렸다

뛰어가는 다리들만 보였다
아무 질문도 없이 컵 속의 물은 이제 바닥

농담 같은 날들과

주어가 없는 문장들이

절벽 앞의 그릇 속에 쌓인다
죽은 내가 쌓인다

줄리의 정원

손님들은 떠나고 없다

풀밭에 던져진 푸른 넥타이
그림자가 길게 끌고 간다

오래 긴장한 목이 덜렁덜렁 끌려간다

도마뱀의 꼬리처럼 잘린 그녀의 과거는
소포 상자에 들어가 지금 배달 중

구름을 뒤집어쓴 미래가 낙하산을 타고 내린다

뿔이 예쁜 신부는 사막이 고향
별무늬 신발 한 켤레 벗어놓고

뿔도
신랑도 모두 노래를 부르러 갔다

동창회

산딸나무 붉은 볼이 이파리 뒤에서 웃는다

한 개 두 개 웃는다 세 개 네 개 웃는다

마침내
확
쏟아진다

오 학년 이 반이었다

물병자리 서영*에게

남해 바람흔적 미술관 앞뜰
바싹 깨진 그림자 하나 길게 서 있지

목이 흰 개 한 마리 저수지를 향해 귀를 세우고
무인 미술관의 벽
꾸벅꾸벅 개꿈을 꾸다 머리채를 강물에 적신다

오래 강물을 바라보고 있으면
바람의 갈퀴가 강물을 휘젓다가
크로바꽃 위에 돌아와 눕는 걸 볼 수 있어
꽃술마다 침묵의 멍자국 하얗다
이곳에 서 보면

갈퀴에 긁힌 물의 파상풍을 볼 수 있어
강의 신음이 들려

물빛 앞치마를 걸친 털보 관장의 말은
간절한 사람들만 찾아올 수 있도록 미술관 팻말을 죄다 뽑

아버렸대

  그곳을 지키는 붉은 바람개비를 보면 그 말이 확 믿어지기도 했지
  미술관을 내려오는 돌길에

  다닥다닥 매달린 때죽꽃을 보면 알아
  간절함을 먹고 벌어지는 꽃들의 입

  봄마다 우린 함께 저렇게 매달렸지
  네가 없는 동안
  저 꽃들 입을 다물고 있어

  너무 어이없잖아 네가 여기 없다는 거

---

*박서영 시인.

결혼 주의보

복권 한 장을 샀다

복권을 싼 포장지가 반짝거렸다
가끔은 모빌이 되어 천장을 빙빙 돌았다

월화수목금토일
기념일은 기념이 없으므로 편안하고
아침 반찬은 신오이처럼 서걱거렸지만
괜찮았다

노골적인 장마에도 갑작스런 정전에도 우리는 빨래를 널며
복권의 유효기간을 젓가락으로 뒤집었다

모든 실수는 희망이었다
모든 인내는 실수였다

빈방이 젖고 있는 줄 한동안 몰랐다

벽지를 뜯어내고 곰팡이를 긁어냈다
아무 말 없이

서로 손을 맞잡고 새로 산 벽지에 풀칠을 했다

게임의 법칙

연필인가요 칫솔인가요
쓰고 닦고의 어원은 같은 갈래인가요

하루는 모호하고 하루는 날카롭고
그게 다 생각의 장난인 거
장난인 줄 알고도 나는 그를 믿었어요
그의 배후를 믿었어요

알고 보면 나도 장난인걸요
오늘 이곳에서 울었다가 내일은 간절하게 부르짖고
밀밭의 바람처럼 푸르게 눕다가
강의실에서 누군가의 철학을 베껴요

연두색 치마는 가을에도 입어요 음치인걸요
손가락은 길었다 짧아져요

계속 물어보고 있어요
내가 너인지

제2부

우기

카드를 꽃나무 위에다 올려두고
분실 신고를 했다

가지고 있으면서도
잃어버린 줄 아는 슬픔이 있다

잃어버리고도
가진 줄 아는 사랑이 있다

그때 잃어버린 마음이
지갑 안에 있는 줄

꽃나무는 알고 있었다

깁스

한쪽 발목에 푸른 붕대를 감고
여름을 건너뛰지 못하는 계절이 있습니다

수없이 걸었던 걸음을 모아
차곡차곡 쌓아놓고
풀벌레 소리를 뚜껑으로 얹습니다

거대한 지구 위에 반 평 남짓의 자리를 깔고 살아온
오랜 소욕들이 항복하며 뼈를 잇고 있습니다

더러는 창밖으로 빠져나간 마음을 불러 앉히는데
그때마다 체중으로 등을 두드립니다

달래기 어려운 것은 돌아다니던 마음입니다
내려놓은 것은 결국 남아 있는 마음입니다

베란다에 괭이밥꽃이 피기 시작했습니다
밤과 추위를 만나 자주 고갤 숙이던 날들을 잘

건넜습니다

지키지 못한 기도를 다시 옮겨 적으며
뼈를 붙이고 있는 밤

푸른 붕대 속의 발목이 가렵기 시작합니다

요양병원

낮잠을 자다 일어나 손톱을 깎는 엄마
환한 대낮의 잡꿈을 잘라내듯 또각또각

손톱을 자른다 오래 묵은 질긴 인연을
자른다 내내 심란했던
자식과의 갈등을 자른다 보란 듯이 자른다

오후 세 시, 구름의 방문도
면회 사절로 돌아가고
퇴원을 기다리는 동창생의 전화는 오늘도 부재중이다

봄은
텔레비전 안에서 피었다 지고

창틀에 갇힌 말벌 한 마리 출구를 찾지만
어림없다

문을 열고 손톱을 흩날려 보낸다

팔랑팔랑
갈등이 가볍게 떨어진다

엄마의 중량이
꽃잎처럼 떨어진다

처서

갈대라고 말하자
의자라고 그가 대꾸했다

물을 주라고 하자 창문을 닫자고 했다
눈을 감았고 밤이 왔다

북쪽을 잠갔다
바람 소리가 마음을 뜯어갔다

스프처럼 부드럽고 따뜻한 꿈을 꾸기 위해
불을 껐다

새벽까지 잠이 오지 않았다

소금처럼 짠 시간이 밤을 졸여서
새까맣게 탄 질문이 쏟아졌다

갈대와 의자 사이에 긴 가을이 지나갔다

전어

여자는
주문을 받거나 음식을 나를 때
얼굴을 보지 않고 어깨너머 허공을 붙든다

주방을 향해 걸어갈 때도 눈길은 자꾸 옆으로 흘러내린다
정면을 보지 않는 여자의 안쪽을 상상하며 전어회를 먹는다

수족관의 전어들이 떼 지어 헤엄친다
전어의 눈들이 한꺼번에 몰리는 것을 보면서
여자는 전어를 건져 올린다

건진 전어를 실수처럼 놓아준다

포장지에 싸인 미래를 선뜻 잡고
바다를 건너버린 자신을 놓아주듯

여자는 자꾸 전어를 건지다 말고 놓아준다

왼쪽 마음을 구부렸더니

성서 말씀을 잘못 읽고 싶은 날이 내겐 있네
그날은 소나기가 내렸으면 좋겠네

방향을 뚝뚝 자르는 붉은 비
라고 이름 붙였음 좋겠네

길이 안 보여 약속 장소에 갈 수 없으면 좋겠네

에덴에서 흘러나오는 물줄기에 발을 씻고
복숭아는 먹어도 된다고 했으면 좋겠네

십계명이 반으로 줄었음 좋겠네

네 이웃의 것을 탐내는 사람에겐
절반을 주라고 했으면 좋겠네

내가 지은 죄의 무게가 반으로 줄면
반의반은 염소에게 주면 좋겠네

잘못 읽은 성서의 말씀도 싹 다 말라버리면 좋겠네

염소의 불룩한 배를 툭 치며
소화불량은 전적으로 네 탓이라고 핀잔이라도
해주었으면 좋겠네

혼자 노는 하루

산간 지방에 눈이 내렸다는 소식을 들으며
드립 커피를 내린다

눈 내린 마당의 참새 발자국을 눈이 다시 지우는 풍경을 걸어놓고

나를 업었다가 나를 벗었다가
나를 뭉쳤다가 나를 흩었다가

감정에도 흩날리는 방향이 있다고 적어놓는다

크리스마스 장식은 언제나 습관적
전구를 켜는 것만이 나에겐 꽃이 피는 시간이었다

마흔 개의 전구가
번갈아 반짝거리면

지은 죄들이 꽃으로 부활하여 피는 것처럼 두근거렸다

혼자 노는 하루는 하얗다, 라고 적어놓고
나는 불을 껐다

꿈꾸는 월요일

　상처가 생길수록 나는 더 선명해질 거야 동굴이 녹고 있어 무너지기 전에 빛을 모아야 해 나를 꺼내줘 이곳은 단단하고 끈적해 소리 지를 때마다 단추가 하나씩 풀리긴 하지만 단춧구멍엔 계단이 없어 잔뿌리들이 곳곳을 틀어쥐고 있어 발버둥 치지만 자꾸 미끄러져 나를 잡아줘 두 손으로 틀어쥐어도 좋아 껍질이 벗겨져도 괜찮아 보이지 않는 곳에선 눈을 살짝 감는 거야 조용히 안쪽으로 걸어가 봐 마음이 만든 길 한 그루의 구름 나무 한 그루의 의자 한 그루의 낮잠

　들리니?
　잎사귀들 겹치며 흔들리는 소리

　상처가 곪을수록 나는 더 분명해질 거야

발 빠짐 미학

모든 사이에는 틈이 있다

그 틈은,
길게 잡아당긴 그리움이다

행간과 행간의 쉼표
반박자 엇갈림 때문에 여기까지 왔다
오가며 빠진 헛발을 모아
우리는 계단이 되고

아래로도 위로도 고개 돌릴 수 있었다

발을 넣어본 뒤 네가 보였고
열차와 승강장은
사이가 있으므로 목적지에 가닿았다

완행버스로 다녀왔다

진주에서 의령 가는 완행버스를 탔다

남원추어탕 지나
파주옥 지나고
전주비빔밥집 지나고
스캔들 양주집 간판과
희망맥주집도 지났다

시골 학교 앞에서는 참새 같은 아이들이
재잘재잘 타는 걸 보고
잠깐씩 졸다가

뉴욕제과를 지나서
파리양잠점을 지나
천국부동산을 향해 가고 있었다

천국을 빼고는
이미 다 여행 삼아 다녀본 곳

완행버스를 타고

남원, 파주, 전주, 파리, 뉴욕을
다시 한 번 돌았다

시골 학교도 다시
스캔들도 다시
희망을 시원한 맥주병처럼 따면서

직행버스를 타고 갈 수 없는 곳을
느릿한 완행버스로 다녀왔다

자라

컨테이너 박스,
바람으로 바른 벽지를 두르고
그는 누워 있다

오십여 년
다리 하나로 서서 나머지 다리를 견인하는 동안
그의 목은 없어졌다

종일 구두를 닦았다
구두가 밥을 먹여 주었다
검은 밥을 먹었다

밤마다 검은 별이 떴다
욱신거리는 저녁을 담배연기로 칭칭 감아 묶으며
물집이 난 왼쪽 엉덩이를 오른쪽이 달랬다

웅크린 목을 꺼내 구두 밑창을 확 뜯어버리고 싶은 날은
보고 싶은 첫사랑도 지웠다

오른쪽 손금에 굳은 길이 하나 더 생겼다

만신창이의 저녁,
서릿발 돋은 윗목에 벌레가 웅크리고 있다
추위가 지나가면 저 녀석 벌떡 일어나
목을 길게 빼고 빠르게 걸어가겠다

한때 미치도록 갖고 싶었던 다리를
여섯 개씩이나 움직이며

뒤꿈치가 자꾸 벗겨지는 양말처럼

양지바른 주택에 가서 한나절 놀다 왔습니다
햇살이 외벽을 어루만질 때

이층 계단을 올라가면
양말은 왜 자꾸 민망하게 뒤꿈치가 벗겨지는지

발꿈치는 계단에게도 난간에게도 보이기 싫은데

벗어야 할까요 양말을
나의 내력은 이렇게 그늘지고 곤궁한데

뉴스 화면에 발바닥이 언 고릴라에게 양말을 신겨 주네요

나는 벗겨지는 양말을 신으려다 확 벗어버립니다
이제 더 이상 숨기고 싶지 않아요

계단을 올라가면 다락방, 하늘도 구름도 가까워졌어요

아직입니다

멀리서 비행기가 지나갔다

이쪽의 시간을 저쪽으로 옮겨가며 하늘은 느닷없는
이명을 앓고 있다

분실한 카드가 재발급되어 돌아왔다
나의 신용은 자주 사라지고 다시 복제되어 돌아온다

믿기 어려운데도 끝까지 믿어보려는 카드사의 결단 때문에
나의 매출은 하이힐을 신는다

가끔 전화를 거는 너와는
뜨거운 카푸치노 두 잔의 거리
그동안의 포인트로 너를 잴 수 있다는 말
나는 오늘도 어제처럼

안쪽과 바깥의 이가 맞지 않았다
바람이 나의 중언부언을 눈치채고 있었다

푸니카세아

너였니
울음을 석류나무에 뿌리면 주황빛 꽃이 된다고

그 말 믿고
내 울음의 절반은 석류꽃이 되었었네

사월과 오월을 건너며 나는 자꾸 작아지고
나는 헐벗고
나는 맨발이고

절반의 꽃
절반의 계단

석류꽃은 장난이야
그림자가 나를 자꾸 가져가
나는 한주먹밖에 안 남았어

어제 오후엔 뼈가 흔들리기 시작했어

푸니카세아는 앙다문 입이야

돌려줄 수 있겠니
나를

유리병 속의 별

유년의 집은
과꽃과 펌프와 녹슨 괭이들과 셰퍼드 한 마리가 있었다

나는 흙벽에 햇살이 스며드는 것을 오래
들여다보곤 했다

햇살이 흙벽을 오래 어루만지고 나면
어느새 벽이 따스해져 있는 것이 신기하고 좋았다

과꽃이 담 밑에 줄 서서 피면
펌프물을 퍼올려 꽃에 물을 주었다
그때마다 셰퍼드 꼬리가 꽃 사이를 지나다녔다

아버지는 우리와 같이 있지 않았다
한 상으로 밥을 먹고 한 집에서 잠만 잤다

저녁마다 기울어져 돌아오는 아버지의 어깨엔
시든 별 몇 개,

속이 훤히 들여다보이는 내 유리병엔 아버지의 별이 가득 모였다

엄마는 먼 산에 올라
늘 혼자 별 바라기를 하셨다

여름은 꽃뱀처럼 화려했고

엎질러버린 별들이
봄 여름 가을 겨울

내 멱살을 쥐고 있었다

여름휴가

빗소리로 저녁을 말았다

모두가 외출 중인 저녁이 좋았다
간간히 젓가락에 걸리는 번개가 혀끝을 자극했다
약속이 깨진 저녁은

흰 쌀국수도 뚝뚝 끊어졌다 끊어진 채 아직 수선하지 않은 그를

내려놓았다

저, 우레

남은 여름도 수수방관하기로 했다

제3부

앵두나무

마당의 앵두나무 옆에 서 있었다
닭이 붉은 앵두를 쪼았다
앵두의 눈을 가진 닭을 그리고 싶었다
앵두의 눈을 가진 닭을 그리고 싶었다
앵두의 눈을 가진 닭을 그리고 싶었다
펌프 속에서 쏟아져 나오는 물소리가 앵두나무를 흔들었다
바람이 불고 비가 들이치면
붉은 앵두가 후두둑 떨어졌다

앵두의 후두둑 소리가 좋았다
마당에 물길이 나면 그 물길 따라 흘러가는
지푸라기와 앵두잎과 그 위에 걸쳐진 마음이 좋았다

털이 다 뽑힌 닭 한 마리가 발목도 없이
모가지도 없이
붉은 대야 속에 뽀얗게 들어앉아 있었다

나팔꽃과 주파수

보랏빛입니까
분홍입니까

당신과 맞출 수 있는 컬러는 채도가 너무 높았어요

채널을 맞추기 위해
입구가 벌어지는 아침에서 출구가 닫히는 저녁까지
종횡무진 기어 올라갔어요

넝쿨이 뻗어 오르는 자리마다 마디 하나씩 내겐 멍이었어요
소리 지르지 않았지만
그곳에 닿기 위한 심장의 안간힘
그땐 몰랐어요

계단은 아래로도 뻗어 있다는 것을

층계의 시간은 출애굽이 될 수 없었어요
눈이 나쁜 나는 자꾸 뱀에게 물리고

허공만 할키다
꺾여 돌아온 붉은 주파수의 저녁을
아직도

맞추지 못하고 있습니다

일요일의 뒤편

십자가 건물 아래에서 자는 낮잠은
훨씬 안심이 되었다

그곳에선 걱정도 캐비닛에 보관할 수 있어서 좋았다

오후엔 빨래를 널고
월요일의 월을 쉴요일의 쉴로 교체했다가
저녁 무렵에 다시 복구시켰다

몸이 가는 데로 뒹굴다가 자장면을 시켰다
검은 짜장이 의심의 속내 같아서 마지막까지 혀로 닦아 먹었다

시원하게 이빨을 쑤시고
저녁 드라마로 옮겨탔다

창밖엔 별 대신 드론 불빛이 깜빡였다
무관심하게 밤하늘을 힐끗 쳐다보고는 창문을 닫았다

전화벨이 울렸다
전화기가 전화를 받도록 내버려두었다

러닝맨이 TV를 끌고 가는 거실에서
러닝서츠를 입고 팥빙수를 먹었다

십자가 건물 아래에서 보내는 하루는
늘 안심이 되었다

실컷 나도

서랍 정리를 하다 만난 옛 친구의 푸른 문장처럼

화사하게 매고 있다가 금세 풀어버리는 서쪽 하늘의 붉은 스카프처럼

늦도록 벤치에 앉았다가 그제서야 슬그머니 일어서는 묵은 그림자처럼

아폴리네르의 시처럼

압화된 꽃처럼

책벌레처럼

책벌레의 길처럼

굴전을 부치다

통영 바다 한 박스가 배달되었습니다

어느 날 쪽문을 밀고 나가 돌아오지 않은
그 바다 한 쪽이 출렁거렸습니다

하얀 스티로폼 박스 안에서
섬의 사닥다리를 건너던 짧은 반바지의 그녀가
함께 튀어 올랐습니다

섬풀들 사이로 사라진 시간은 아무도 찾지 못했습니다
흰 목에 둘렀던 파란 스카프 물방울무늬도 찾지 못했습니다

실종된 시간을 꺼내 달걀을 입혔습니다
프라이팬 가득 통영 바다가 지글거립니다
갇혀버린 시간이 노릇노릇 익습니다
꾹꾹 눌러 채웠던 파도의 앞 단추도 살풋 벌어집니다

잘 익은 봉영의 밤을 접시 위에 담습니다

은하수를 잘못 삼켜 기침을 하는 동안

늦은 밤
나는 산미구엘*과 놀고 있습니다

산미구엘의 거품은 하늘 위로 사다리를 놓습니다
장바구니에 담아온 카랑코에 꽃잎은 별의 입술을 하고 반짝 웃습니다
오늘 나는
그동안의 내 이름을 계산대에서 슬그머니 흘렸습니다
노란 별의 웃음들이 자꾸자꾸 번져서 내 방은 은하수가 되었습니다

산미구엘과 은하수는 서로 닮았습니다

은하수를 잘못 삼켜 기침을 하는 동안
나는 점점 더 내가 되어갑니다

여름밤이 무럭무럭 자랍니다
손가락이 자랍니다

이제 긴 손가락으로 밤하늘의 뚜껑을 열 수 있습니다
잠자러 간 새들이 눈을 뜹니다

그동안 어디에 구겨져 있었을까요?
오늘 저녁 이렇게 우거진 나는

---

*산미구엘: 필리핀 맥주.

수습되지 않는 날은 내버려둘까요
― 친구 서영에게

밀양 고택에서 주워 온 기왓장에
네가 채송화 심었는데 쇠비름이 올라왔어
말이 안 되면

너는 웃었잖아
지금 이게 말이 되니?

나, 개수대에 쌓인 그릇을 씻는다
씻어도 씻어도 지워지지 않는 그릇을 씻는다

누가 잠든 너를 업고 갔을까
계단을 올라가다가 주저앉은 무릎
어쩌면 저 문 안에서 네가 문을 열어줄 텐데
열쇠가 제비꽃인 거 다 알아

너의 서쪽을 누르면 푸른 별이 올라오나
장난치지 말고 어서 밥 먹자

엄마의 집

오래된 엄마 집에서
엄마를 베고 엄마를 먹고
엄마를 부린다

모든 것이 되어주는 엄마
엄마의 냉장고엔 엄마가 가득하다

엄마를 한 보따리 챙겨서 나오는데
엄마 젖을 먹고 자란 마당의 꽃들이
엄마처럼 편안한 웃음으로 길을 비켜준다

엄마 집엔 엄마만 가득한데
꺼내도 꺼내도 엄마 천지인 집이 왜 자꾸 비어 보이는지

왜 자꾸
안심이 안 되는지

신혼

꽃병에 꽃을 가득 꽂아놓고
꽃의 말을 읽지 못해
다퉜다

우리는 늘 서로의 입구에 도착하지 못하고

등받이 없는 소파에 앉아
가까이
더 가까이 다가가도 만날 수 없는 저녁이
창문 가득 매달렸다

몇 송이는 시들고 몇 송이는 맺힌 채
아침은 자주 없었다

행복을 사러 꽃시장을 뛰어다녔다
번번이

꽃병은 웃지 않았다

꽃들의 표정을 싹둑싹둑 잘라냈다

병에 물을 갈아도 꾹 다문 말들은 피지 않고
피지 않는 날들이 모여 계절이 되었다

종이꽃이 피는 창가에 종이 별이 떴다
물을 먹지 않고도 살 수 있었다

그 창가에 두고 왔어요

당신의 속눈썹과
속눈썹 속의 그늘과
둥글게 말린 그리움의 음악들

떼어버릴 수 없는 이 그림자는 언제까지 자랄까요
내뱉지 못한 말들은 또 언제까지 나에게 머물러 있을까요

안경 쓴 사람들은 모두
밀어 올리는 습관이 있어요

안경 쓴 사람의 눈빛은
오래
바라볼 수가 없어요

나는 점점 더 근시가 되어가고 있어요

정년퇴직

삶은 감자를 먹는다

벽엔 고장 난 시계와 녹슨 못 두어 개

못을 바라보며 감자를 삼킨다

뒷산에 뻐꾸기 운다

목구멍이 막힌 것처럼 두 번 쉬었다가

다시 운다

아버지가 벽에 걸려 있다

어제의 아버지가 한 벌
오늘의 벽에 걸려 있다

어디를 그렇게 다니셨는지
깔깔했던 옷의 소매가 없어졌다
평생 집도 자식도 절단하고 절연했던 손
그 안에 우리는 늘 없었다

불룩한 주머니엔
허공을 향해 당겼던 방아쇠와
홀로 앉았던 언덕의 바람 소리 몇 올
안으로만 집어넣었던 수많은 골목길이 꾸깃꾸깃
접혀 있었다

그의 바람 빠진 몸을 한 번 흔들어 보았다
건드리면 흠칫 물러나는
오래된 공기들

세상의 모든 길을 접고

부둥켜안아야 할 우리까지 내몰고

외벽의 집을 지킨

술로 건축된 한 채의 아버지가 저기 걸려 있다

알리오 올리오

마늘을 편으로 썰어 잔뜩 넣어주세요
올리브유는

부드러운 듯 뒷면이 있는 이중성
마늘의 매운맛은 불맛을 보면 순해져요

매운맛이 없는 세상엔 의자가 텅 비어 있어요

자극받고 자극을 주는
월요일은
도미노처럼 어깨가 기울어진 날
의견들이 냄비에서 시시비비하는 동안

면은 부드럽게 순종하죠
그때
프릭끼누를 넣는 거예요

고집이 빠진 면을 올리브유에 볶은 마늘과 화해시키면

프릭끼누의 매운맛은 감칠맛으로 살아나죠 이때
기울어진 어깨가 올라와요
약간의 이중적 뒷맛을 놓치면 안 돼요

소렌토 협궤열차에서 스친 푸른 눈의 웃음
자 어디 먹어볼까요?

당신을 잊어버리기에 아주 좋은 저녁입니다

간격

손 닿는 곳과 손 닿지 않는 곳
사이에
가려움이 고여 있다

가장 가까이에 두고
당신을 읽지 못하는 난독증

우리는 서로의 눈금을 읽지 않는다

눈이 내릴 때까지 겨울은 건조하고
낮은 언덕조차 자주 얼어 있었다

등이 자꾸 가렵지만

서로를 녹이기에는
봄의 분량이 부족했다

끓는 주전자 속에 네가 있다

그립다고 내뱉지 않아도

그리움은 어느새 주전자 가득 들어차
열이 높아가면서 자꾸 팽창한다

내가 너에게 가 있는 이유는
너에겐 봄의 통로가 있기 때문, 주전자 가득
아지랑이가 끓고 있기 때문이다

들썩거리는 뚜껑 사이
티투투 올라오는 봄의 열망들

설렘과 아픔과 치열함이
극도로 팽창할 때

드디어 따뜻한 한 잔의 차가 되는
마침내 진한 한 잔의 봄이 되는

연극의 끝

이미 그때 다 불어서 불 것이 없는
풍선이었다

관객이 떠난, 행사장 의자 아래 떨어진 꽃이었다 나는

이미 꽃이 아닌 꽃처럼 누워서
미동도
없이

누군가 불을 끄고 문을 닫고 나갔다

어둠이고
침묵인

여자도 아닌 여자를 남겨둔 채

제4부

태몽

오래전에 나는 흰
버들꽃이었다고 했다

엄마는,

나에게 젖을 물리고
절대로 물가에는 가지 말라고 했다

지느러미 따위를 키우면 안 된다고 했다

나는 엄마의 시작
엄마의 끝

아무리 가려워도 몸을 긁지 않는 습성이 있다

진주문고 카페의 봄

레모네이드 한 잔
니체 한 잔

누군가를 이토록 사랑한 적*을 오후 내내 마신다

목이 약간 부어오르는 환절기
칸딘스키처럼 생긴 남자가 지나간다
창밖 메타세쿼이아도 초록 감기로 쿨럭이는

저 인상주의의 봄,

니체를 넘기며 쿠키를 주문한다
쿠키는 팍팍하고 니체는 딱딱해서 레모네이드를 사이에 끼운다
너의 팔짱은 없고

누군가를 사랑하기엔
쿠키도 니체도 동의하지 않았다

상투적인 오후

난간 위를 걸어가기에는

너무 먼 봄이다

---

*이병률 시집.

새벽기도

새벽마다 하나님의 바짓가랑이는 길게 늘어진다

배려도 염치도 없이 다짜고짜로 들이대는
두꺼운 주문서

오 마이 갓
오 마이 갓

밀린 주문서가 교회 마당에 뒤뚱거리고

잡아당긴 바짓가랑이를 새벽별이
붙들고 있다

저 엉거주춤한 새벽의 엉덩이

졸혼

K는 아내를 정리했다

들꽃이 꽂혔던 꽃병은 비어 있고
소나기가 지나간 창문은 깊게 얼룩져 있다

한때의 풋, 한때의 클라이맥스도
영화처럼 끝나고
더는 사랑하고 싶지 않은 봄날

아무렇지도 않게 국적을 버린 이민자처럼
아무렇지도 않은 마음을 잘라 서랍에 넣는다

빨래가 오래 널려 있는 오월
아카시아꽃이 뒷산을 내려오고 있다

새들이 꽃의 계약서를 물고 흩어진다
곧 봄날도
아무렇지 않게 끝날 것이다

점멸등

게임이 끝났어요

쉬는 타임입니다
질서와 규칙을 벗고 봉인한 자유를
뜯으세요

가끔씩
비닐이 찢어지는 오류가 있어요 그때 포장지를
조심하세요
깜빡거리는 순간이 당신을 훔쳐 갈 수도 있어요

우리가 지켰던 것들은 다 게임이에요

하프타임이 곧 끝날지도 몰라요

이 순간을 마음껏
건너가세요

이 마음 저 마음 아무 곳이라도
막 가보는 거지요

리스본행 야간열차와 김밥

아이는 거실에서 리스본행 야간열차를 본다
나는 부엌에서 김밥을 말고

모든 것은 실제보다 묘사할 때 더 빛난다

깻잎을 말아 만든 김밥은 한결 먹음직스럽다
묘사된 초가을을 한 잎씩 베어 물며 나는 리스본행 열차에 올라탄다

스크린 앞에 서면 나는 낡아버린 여자,
떠나간 것은 늘 아름답게 부풀어서 목이 메이고
상념을 곁들여 싼 김밥은 속이 많아 목에 걸린다

기억은 김밥처럼
서로 다른 고명을 말아 하나로 묶여 있다
질문도 대답도 없이 나는 그것을 묵묵히 씹어 삼킨다

리스본행 열차에 올라타도 다시 돌아갈 곳이 없는 여자,

딸아이와

김밥을 먹으며 영화를 보고 있다

봄밤

　밥 먹자 삼겹살 위에 꽃잎 몇 장 얹고 세상 다사했던 이야기 묵은지처럼 쭉 찢어 얹으면 봄밤은 취기처럼 알싸하게 어깨에 내려앉겠지 마침 꽃무늬 뽕짝이라도 양념처럼 흘려보내면 내 청춘아 다시 돌려줄 수 없겠니에 멈춰 삼겹살은 지글지글 무르익고 꽃보다 꽃다운 우리 만담 횡설수설 부푸는 밤이다 막무가내로 떼를 써 보렴 무례하게 굴어도 오늘은 다 괜찮아 끼워 맞추다 틀어진 것은 오늘 밤에 다 쌈 싸 먹어도 좋으니 밥 먹자 우리 꽃지짐 화락화락 씹으며 다시 오지 않을 이 겁나게 밀물지는 저녁 바다에서

실종

어제 없어진 모서리는 뭉뚝하고
오늘은 고집과 심장 일부가 없어졌다

나는 갈수록 실종된다

풀밭에서 잠깐 자고 일어났더니
내가 없어졌다

어제는
풀밭에서 사라졌고

오늘은 냉장고를 뒤적거리다 남은 밥이 되었다
나는 줄어들고 나는 탈색되고
나는 심지어 뚱뚱해졌다

길엔 온통 잘린 발목들
실종신고도 없이

버킷리스트의 외출

마트까지의 거리는 잔고까지의 거리보다 짧다
살 물건들의 목록은

버킷리스트보다 길어서

간혹 빠뜨리거나 제외시키기도 하지만
원 플러스 원의 예상 밖의 물건이 유혹 안으로 들어오면
잔고에 기대지 않고도 용기를 낼 수 있다

새로 입점한 길 건너 왕창마트에 사람들이 줄을 섰다
지나가던 구름들 다 걸려들었다
왕창에 붙들려 잔고를 탈탈 털리는 중
소나기 한줄기 확 뿌리고 지나가면
새로 입금된 시간들은 뭉턱뭉턱 지불된다

하필이면 그곳의 푸른 지붕이 문제였지
뒤꿈치를 따라붙는 하필들

장바구니 가득 후회가 무겁다
움푹 파인 통장을 어둠으로 덥고 현관문을 당긴다

버킷리스트가 빈 바케스처럼 깊다

회화나무가 있는 고택

한낮의 고택 담장에 회화나무 한 그루가
서
있다

부둥켜안을 일 없는 거리와
기댈 곳 없는

직립을 품은 채, 그늘의 부피만 쌓아가는 저곳

서로의 그늘을 곁에 두고 싶은
빈집과
회화나무의 마음을

누가 저만치서 셔터에 담고 있다

몇 장의 고요가 순식간에 담기고 있다

화장을 해 주세요

클리오 21호는

내 얼굴을 감쪽같이 숨기기에
가장 알맞다고 했다

어린 여직원이 내 얼굴에 21호를 콕콕 눌러 찍었다

누를 때마다 작고 하얀 깃털이 내 얼굴 위로 하나씩 떨어져 내렸다

나는 클리오 21호를 두 개나
샀다

우포늪을 밀다

찰칵,
심연을 튀어 오른 버들붕어 한 마리
그곳 도망치고 싶어 서둘러 셔트에 들어왔다

스무 살 청춘의 늪 튀어 올라
야간열차에 올라탔던

누가 자전거를 굴리며 천천히 빛을 말아오고 있다

멈춘 시간이 셔트 안에서 방향을 현상한다
방향은 안개와 한통속

이파리 하나가 길을 막는다

바람에 뜯겼는지 늪의 옆구리 부어 있다
숨조차 내뱉지 못하는 고요가 폐포에 가득
들어차는 동안

먼 능선 스멀스멀 늪을 민다

무릎까지 저문 늪이 자꾸 뒤돌아본다

샤갈의 물통

젖은 손수건 한 장의 거리에
그가 누워 있다

빗방울이 똑똑 문을 두드려도
안쪽의 그는 문을 열지 않는다

속삭이면 꽃이 필
그의 손은 여전히 파랑을 잡고 있다

잡아도 잡히지 않는 것을 그리기 위해

비테브스크에서 생 폴 드방스까지 달려와
쏟아부은

니스 바다는 아직도 한 통의 푸른 물감

그립다고 겨우 한 줄 적었는데 그 깊이
천길 낭떠러지다

늦가을 비만
빈 무덤에 문적문적 고인다

읽고 싶은 동화

막차를 놓치고 싶다고 생각했을 때
마침 눈이 내렸다

마침 오는 눈
마침 고장 난 시계

생의 저녁이 전부 진눈깨비 같을 때

어제 받은 전화도 모두 지우고
온 세상 하얗게 다 기억상실 아래 뉘어보는

해설

상실과 그리움으로 쌓아 올린 세계

이현호(시인)

 손톱을 깎는 모습을 상상해 보자. 초승달 모양으로 하얗게 올라온 손톱들. 언제 이렇게 자랐을까. 얼마만큼 자란 뒤에는 알아서 생장을 멈춘다면 좋으련만, 손톱은 적당함을 모른다. 무슨 고지서처럼 손톱깎이를 들어야 하는 날은 번번이 돌아온다. 그냥 내버려 두자니 생활이 불편하고, 그렇다고 뿌리까지 뽑아버릴 수도 없다. 빈대 잡으려고 초가삼간을 다 태우는 격이니 말이다. 속절없이 평생 손톱을 깎는 일을 되풀이할밖에는 별다른 도리가 없다.
 손톱의 처지에서는 어떨까. 손톱 조각이 한때 내 몸의 일부였음을 우리가 기억하듯이 만약 손톱도 그렇다면 그는 무슨 생각을 할까. 제 손으로 매몰차게 제 몸의 한 부분을 살라버린 우리를 원망할까? 하나의 몸이었던 시절을 그리워할까? 이제껏 계속되었고 앞으로도 계속될 이 일을 담담히 받아들일까? 어쩌면 멍에에서 벗어난 자유로움을 느낄지도 모르겠다. 감수성이 뛰어난 손톱이라면 한 편의 시를 쓸지도 모를 일이다.

 손톱에 관한 이야기로 글을 시작한 까닭은 이것이 『붉은 주파수의 저녁』을 이해하는 데 하나의 실마리가 되기 때문이다. 박미향 시인의 이번 시집은 손톱같이 익숙한 소재와 손톱을 깎는 일처럼 일상적인 체험을 감각적으로 포착한다. 친숙하고 일상에 맞닿은 이야기이니만큼 시인의 언어는 일견 복잡하지 않지만, 이면에 도사린 감정은 미묘하며 행간에 숨은 의미는 깊다. "복숭아와 거미와 파도를 놓고 고민하고 있습니다/어느 것을 따라가야 그들의 내면을 가져올 수 있을까요"(「밤의 말」)라는 시구는 박미향 시의 이런 특징을 잘 보여준다.

 한편, 잘라도 잘라도 돋아나는 손톱은 잊으려 애써도 잊히지 않고 되살아나는 기억과 닮았다. 『붉은 주파수의 저녁』에서 그 기억은 대부분 부재와 상실과 관계된다. "사라진 것들과 내가 한 문장으로 만났다//한 줄의 텅 빈"(「오독」)이라는 구절이 말하는바 박미향의 시는 고통스러운 기억과 그것이 환기하는 빈자리를 되짚는다. 상처와 그리움이 대신하고 있는 자리를 더듬으며, 사라진 것들의 의미를 묻는다. 삶을 지탱했어야 할 것들이 "다/빠져나가고//남은/빈집 한 채"(「골다공증」)가 되어서도, 그 빈집을 다시 시로 채우며 살아간다.

 기억을 반추하며 고통을 되새김질하는 이유는 똑바로 마주 보지 않고는 그것들을 제대로 잘라낼 수 없기 때문이다. "손톱을 자른다 오래 묵은 질긴 인연을/자른다 내내 심란했던"(「요양병원」)이라는 구절처럼, 시인은 자기 안팎을 둘러싼 온갖 상실과 그리움을 톺아본다. 그럼으로써 온전한 나 자신이 되고자 한다. 「꿈꾸는 월요일」에서 시인은 "상처가 생길수록 나는 더 선명해질 거야", "상처가 곪을수록 나는 더 분명해질 거야"라고 말한다. 이는 상처를 시로 되살리는 일이 결국 자신을 구원하리라는 믿음 없이는 불가능한 일이다. 이러한 믿음은 박미향 시인이 시를 쓰는 원인이자 결과이며, 상실과 그리움은 그 시세계의 작동 원리다. 이제까지『붉은 주파수의 저녁』을 개괄적으로 살펴보았으니, 지금부터는 구체적인 시편을 중심으로 논의를 좀 더 진척해 보자.

  아이는 거실에서 리스본행 야간열차를 본다
  나는 부엌에서 김밥을 말고

  모든 것은 실제보다 묘사할 때 더 빛난다

  깻잎을 말아 만든 김밥은 한결 먹음직스럽다
  묘사된 초가을을 한 잎씩 베어 물며 나는 리스본행 열차
 에 올라탄다

스크린 앞에 서면 나는 낡아버린 여자,

떠나간 것은 늘 아름답게 부풀어서 목이 메이고

상념을 곁들여 싼 김밥은 속이 많아 목에 걸린다

기억은 김밥처럼

서로 다른 고명을 말아 하나로 묶여 있다

질문도 대답도 없이 나는 그것을 묵묵히 씹어 삼킨다

리스본행 열차에 올라타도 다시 돌아갈 곳이 없는 여자,

딸아이와

김밥을 먹으며 영화를 보고 있다

─「리스본행 야간열차와 김밥」 전문

    이 시는 김밥과 영화라는 친숙한 소재, 딸아이와 함께 김밥을 먹으며 영화를 보는 일상의 모습이 이야기의 주축을 이룬다. 불행이 끼어들 여지가 없어 보이는 이 화목한 풍경을 깨뜨리는 것은 불쑥 솟아난 기억이다. "서로 다른 고명을 말아 하나로 묶"은 듯한 이 기억'들' 앞에서 '나'는 목이 멘다. 실제로 김밥이 목에 걸렸다기보다는 미처 다 삼키지 못한 감정의 응어리 때문일 것이다. "떠나간 것"이라는 표현에서 짐작하건대 기억은 지금은 곁에 없는 누군가나 어떤 상실의 경험과 얽혀

있다. "모든 것은 실제보다 묘사할 때 더 빛"나듯이 그 기억의 이미지는 현실을 압도한다. "아름답게 부풀어"버린 기억 앞에서 "낡아버린 여자"가 된 나는 하릴없이 "그것을 묵묵히 씹어 삼"킬 뿐이다.

『붉은 주파수의 저녁』에서 기억과 마주한 화자들은 대체로 이렇게 무력하다. 왜 그럴까. 기억들이 몹시 소중하기 때문이다. 그것은 만날 수 없는 대상에 관한 기억이기에 더없이 소중하며, 회상을 거듭할 때마다 더욱 아름답게 채색된다. 이를테면, 고(故) 박서영 시인에 관한 몇 편의 시가 대표적이다. "지금 이게 말이 되니?"(「수습되지 않는 날은 내버려둘까요」), "너무 어이없잖아 네가 여기 없다는 거"(「물병자리 서영에게」)에서 보듯이 "서영"의 죽음은 박미향 시인에게 말도 안 되는 어이없는 사건이자, 잊지 못할 충격이다. 하여 서영과의 추억은 지워지지 않고, 서영이 없는 현실에 시인은 번번이 주저앉는다. "나, 개수대에 쌓인 그릇을 씻는다/씻어도 씻어도 지워지지 않는 그릇을 씻는다"(「수습되지 않는 날은 내버려둘까요」)에서 '그릇'은 '기억'과 동의어이며, "봄마다 우린 함께 저렇게 매달렸지/네가 없는 동안/저 꽃들 입을 다물고 있어"(「물병자리 서영에게」)에서 '입을 다문 꽃'은 현실의 다른 이름이다. "계단을 올라가다가 주저앉은 무릎"(「수습되지 않는 날은 내버려둘까요」)은 기억에서 비롯한 절망감을 드러낸다. 이토록 힘이 센 기억 앞에서 현실은 늘 "수습되지 않는 날"이 될 수밖에 없는 것이다.

『붉은 주파수의 저녁』에서 상실은 누군가의 죽음을 포함하여 여러 층위에서 나타난다. 그중 두드러지는 것은 인간관계의 상실이다. 시집에는 가족, 친구, 연인 등과 맺었던 관계를 상실하는 것이 주요한 모티프로 자주 나온다. "평생 집도 자식도 절단하고 절연했던 손/그 안에 우리는 늘 없었다"라는 구절처럼 「아버지가 벽에 걸려 있다」는 "절단된" 부녀 관계를 다루며, "더 가까이 다가가도 만날 수 없는 저녁이/창문 가득 매달렸다"라고 말하는 「신혼」은 사랑하는 이와의 관계가 흔들리는 장면을 그린다. 「신혼」의 정서는 다른 시에도 이어지는데, "더는 사랑하고 싶지 않은 봄날"(「졸혼」)에 토로하는 "모든 인내는 실수였다"(「결혼 주의보」)라는 정념은 점점 단절되는 부부 관계를 고백한다. 이런 관계의 상실은 필연적으로 소통의 부재를 동반하는바 「풍치」에서 그것은 "참말과 거짓말 사이에서" 흔들리는 모습으로 나타나며, "갈대라고 말하자/의자라고 그가 대꾸했다//물을 주라고 하자 창문을 닫자고 했다"(「처서」)라는 구절은 이를 더욱 직접적으로 제시한다. 시집의 제목이 된 시구가 있는 「나팔꽃과 주파수」 또한 "채널"과 "주파수"가 맞지 않는다는 비유로써 당신과 소통이 어긋나는 현실을 그린다.

상실은 현실에서 맺는 관계뿐만 아니라 관념의 차원에서도 일어난다. 「정년퇴직」의 화자가 겪는 상실은 삶의 의미에 관한 것이다. 이 시의 첫 행인 "삶은 감자를 먹는다"라는 문장은 오랫동안 몸담았던 곳에서 물러난 이의 먹먹하고 막막한 심사를 간결한 필치로 훌륭하게 표현한다. 미래에 대한 기대와 희망을 상실한 화자는 "목구멍이 막힌 것처럼 두 번 쉬었다가/다시" 울며, 시간의 흐름 속에서 점차 무력해지는 인간의 모습을 나타낸다. 한편 정체성의 상실을 이야기하는 시편도 곳곳에서 보인다. "문을 열 때마다 내가 녹고 있어"(「비스포크」), "바람이 내 얼굴을 지웠다"(「오독」), "죽은 내가 쌓인다"(「스프링벅」), "나는 한주먹밖에 안 남았어"(「푸니카세아」), "나는 갈수록 실종된다"(「실종」) 등의 진술은 슬픔, 죽음, 배신, 이별 따위를 겪으며 점차 자신을 잃어가는 화자를 그린다. 정체성을 상실한 자리로 들어차는 것은 예의 기억이며, 『붉은 주파수의 저녁』의 화자들은 현재를 뒤덮은 과거에 혼란함과 불안감을 느낀다. 이는 또다시 정체성의 상실로 이어져서, 화자들은 자기 자신을 "관객이 떠난, 행사장 의자 아래 떨어진 꽃"이자 "어둠이고/침묵인"(「연극의 끝」) 존재로 인식하기에 이른다. 결국 정체성의 상실은 기억에 집착할수록 더 비극적으로 심화하는 것이다.

모든 사이에는 틈이 있다

그 틈은,
길게 잡아당긴 그리움이다

> 행간과 행간의 쉼표
>
> 반박자 엇갈림 때문에 여기까지 왔다
>
> 오가며 빠진 헛발을 모아
>
> 우리는 계단이 되고
>
> 아래로도 위로도 고개 돌릴 수 있었다
>
> 발을 넣어본 뒤 네가 보였고
>
> 열차와 승강장은
>
> 사이가 있으므로 목적지에 가닿았다
>
> ―「발 빠짐 미학」 전문

 기억은 부재함에 관한 인식을 불러일으키고 이어서 상실감을 불러온다. 상실감은 과거와 현재의 균형을 깨뜨리고, 시인은 "안쪽과 바깥의 이가 맞지 않"(「아직입니다」)아서 생기는 정체성의 혼란을 겪기도 한다. 그런데 많은 것이 사라지고 혼란한 와중에도 오히려 더욱 굳건해지는 것이 있다. 바로 그리움이다. 『붉은 주파수의 저녁』에서 그리움은 상실감과 함께 주요한 정서적 축을 이룬다. 방금 살펴보았다시피 상실은 단순히 물리적인 결핍이나 누군가의 죽음에 의한 슬픔을 넘어서며, 우리가 시간의 흐름 속에서 잃어버리는 모든 것을 아우른다. 이때 그리움은 상실한 것에 관한 회상과 미련으로 구체화한다. 현실의 옷을 입은 그리움은 회상에 머물지 않고, 현재의 삶에 지속해서 그 존재감을 드러낸다.

인용한 시에서 "틈"은 그리움이 발생하는 자리다. "틈"에 발이 빠진다는 것은 곧 그리움에 빠지는 것이다. 이 "틈"은 "모든 사이에" 박혀 있다. '사이'는 '거리'와 더불어 시집에 자주 등장하는 시어로서 대부분 나와 대상이 맺은 '관계'를 비유한다. "모든 사이에는 틈이 있다//그 틈은,/길게 잡아당긴 그리움이다"라는 표현은 달리 말해 모든 관계에는 그리움이 도사리고 있다는 뜻이다. "부둥켜안을 일 없는 거리"에서 "서로의 그늘을 곁에 두고 싶은/빈집과/회화나무의 마음"(「회화나무가 있는 고택」)도 그리움이고, "엄마 집엔 엄마만 가득한데/꺼내도 꺼내도 엄마 천지인 집이 왜 자꾸 비어 보이는지"(「엄마의 집」)라는 의문의 해답도 그리움에 있다. 「엄마의 집」에서 화자는 엄마가 존재하는 공간에서도 엄마와의 관계에서 상실감을 느끼며, 그로 인해 그리움은 더욱 커진다. 이는 실질적인 관계와 정서적 결핍 사이의 모순을 드러냄으로써 시인이 말하는 그리움이 얼마나 복합적인 것인지를 보여준다.

"둥글게 말린 그리움의 음악들//떼어버릴 수 없는 이 그림자는 언제까지 자랄까요/내뱉지 못한 말들은 또 언제까지 나에게 머물러 있을까요"(「그 창가에 두고 왔어요」)에서 보듯이 그리움은 "그림자"처럼 "떼어버릴 수 없는" 것이다. 그리워하는 대상에게 이 마음을 전한다면 조금 나아질 수도 있으련만, 그는 이제 현실에 존재하지 않는다. 그에게 "내뱉지 못한 말들은" 미련으로 남아 언제까지나 "나에게 머물러" 있다. "창틀에 갇힌 말벌 한 마리 출구를 찾지만/어림없다"(「요양병원」)에서의 "말벌"같이, 그리움에는 출구가 없다. 그리움에 갇힌 시인에게 그것은 더 이상 감정이나 감상이 아니라 체험되는 실체다. 그리움은 현실의 한 부분이 아니라 현실 그 자체다. "나의 무기력은 이제 울지도 않죠"(「뭉크의 뭉크」)라는 문장은 그런 그리움에 지쳐버린 마음을 아프게 이야기한다.

> 한쪽 발목에 푸른 붕대를 감고
> 여름을 건너뛰지 못하는 계절이 있습니다
>
> 수없이 걸었던 걸음을 모아
> 차곡차곡 쌓아놓고
> 풀벌레 소리를 뚜껑으로 얹습니다
>
> 거대한 지구 위에 반 평 남짓의 자리를 깔고 살아온
> 오랜 소욕들이 항복하며 뼈를 잇고 있습니다
>
> 더러는 창밖으로 빠져나간 마음을 불러 앉히는데
> 그때마다 체중으로 등을 두드립니다

달래기 어려운 것은 돌아다니던 마음입니다
내려놓은 것은 결국 남아 있는 마음입니다

베란다에 괭이밥꽃이 피기 시작했습니다
밤과 추위를 만나 자주 고갤 숙이던 날들을 잘
건넜습니다

지키지 못한 기도를 다시 옮겨 적으며
뼈를 붙이고 있는 밤

푸른 붕대 속의 발목이 가렵기 시작합니다
—「깁스」전문

  기억은 우리의 의지와는 상관없이 불쑥 찾아온다. 또한 우리는 모두 언젠가 죽을 운명이라는 점에서 어떤 상실은 불가피하다. 상실과 그에 따르는 그리움은 삶의 필연적 과정이다. 우리는 끊임없이 무언가를 잃고, 그것을 그리워하며 살아가는 존재다. 이 슬픈 진실 앞에서 누군가는 허무를 느끼며, 삶의 의지를 잃을지도 모른다. 그러나 시인은 늪처럼 자신을 잡아끄는 상실감과 그리움을 애써 견딘다. 「연못」에서 시인은 무언가를 상실한 이후에도 계속되는 삶과 생(生)의 의시를 돌아본다. "어제 한 친구가 죽었어요"라는 직설적인 문장으로 시작한 시는 이어지는 구절에서 "나는 아직 유서를 쓸 수 없어요"라며 생의 의욕을 드러내고, "연못"에서 "튀어 오르는" "물고기"를 발견한다. 이때 연못 밖으로 튀어 오르는 물고기는 우리 안에 내재한 생명과 다름없다. 번번이 좌절하기는 하지만, 시집에 자주 나오는 '계단을 오르는 이미지'도 상실감과 그리움에 매몰된 현실에서 벗어나려는 의지의 표현이다.

「깁스」는 상실과 그리움을 딛고 나아가려는 시인의 의지가 더욱 돋보이는 작품이다. 이 시에서 화자는 "한쪽 발목에 푸른 붕대를 감고" 있다. "뼈를 붙이고 있는 밤"이라는 표현을 보건대 뼈가 부러졌기 때문일 것이다. "뼈"는 우리 몸을 지탱하는 역할을 하는바 한쪽 다리가 부러진 화자는 제대로 서거나 걸을 수 없다. 이 상황은 상실과 그리움에 발이 빠져 삶 쪽으로 나아가지 못하는 시인의 처지를 환기한다. 앞서 살펴본 「발 빠짐 미학」에서 틈은 곧 그리움이라고 했으니, 뼈가 부러지며 생긴 틈새에도 그리움은 깃들어 있을 터. 부러진 뼈는 어떤 상실, 즉 단절된 관계를 의미한다고도 볼 수 있다. 그렇다면 「깁스」에서 뼈를 잇고 붙이는 일은 상실감과 그리움에 베인 현실의 삶을 회복하는 과정이다. "남아 있는 마음"이란 상실감과 그리움에서 비롯한 미련 따위일 것이며, 시인은 그것을 "내려놓"음으로써 "밤과 추위를 만나 자주 고갤 숙이던 날들을" 건너고자 한다. "푸른 붕대 속의 발목이 가렵기 시작합니다"라는 시의 마지막 연은 다행히 그 일이 잘되어 가고 있음을 보여준다.

> 은하수를 잘못 삼켜 기침을 하는 동안
> 나는 점점 더 내가 되어갑니다
>
> 여름밤이 무럭무럭 자랍니다
> 손가락이 자랍니다
>
> 이제 긴 손가락으로 밤하늘의 뚜껑을 열 수 있습니다
> 잠자러 간 새들이 눈을 뜹니다
>
> 그동안 어디에 구겨져 있었을까요?
> 오늘 저녁 이렇게 우거진 나는
> ─「은하수를 잘못 삼켜 기침을 하는 동안」 부분

기억은 상실감을 낳고, 그리움을 데려온다. 『붉은 주파수의 저녁』에는 너무 강렬해서 고통스럽기까지 한 상실감과 그리움이 선연하게 새겨져 있다. 가히 상실과 그리움의 세계라고 할 만하다. 이 세계는 어디까지 이어질까. 「깁스」에서 우리는 이제 다른 세계로 나아가려는 시인의 의지를 엿볼 수 있었다. 그 세계는 과거보다는 현재에, 상실보다는 충만함에 가까운

곳인 듯하다. 「은하수를 잘못 삼켜 기침을 하는 동안」에서 우리는 그곳의 한끝을 헤아릴 수 있다.

"나의 내력은 이렇게 그늘지고 곤궁한데"(「뒤꿈치가 자꾸 벗겨지는 양말처럼」)라고 읊조리던 시인은 "점점 더 내가 되어"가며 상실했던 정체성을 되찾는다. '그늘진 나'에서 "우거진 나"가 되어간다. 이런 변화는 상실과 그리움의 세계를 부정하는 데서 오는 것이 아니라 "너도 옳았고 나도//옳았다"(「나는 너에게 조금씩 조금씩」)라는 포용에서 비롯한다. 부재와 상실이 있기 전의 세상과 그것이 벌어지고 만 현실을 모두 인정하고 받아들이는 것. 그리하여 깁스를 풀고, 상실감과 그리움의 안개를 헤치며, 한 걸음씩 나아가는 것. 추측건대 박미향 시인의 다음 행보는 바로 이 지점에서 시작할 듯싶다. "간절함을 먹고 벌어지는 꽃들의 입"(「물병자리 서영에게」)과 같을 그 시들을 응원하고, 또 기대해 본다.

시인동네 시인선 241

붉은 주파수의 저녁

ⓒ 박미향

초판 1쇄 인쇄	2024년 10월 17일
초판 1쇄 발행	2024년 10월 25일
지은이	박미향
펴낸이	김석봉
디자인	헤이존
펴낸곳	문학의전당
출판등록	제448-251002012000043호
주소	충북 단양군 적성면 도곡파랑로 178
전화	043-421-1977
전자우편	sbpoem@naver.com

ISBN 979-11-5896-667-6 03810

*이 책의 판권은 지은이와 문학의전당에 있습니다.
*양측의 서면 동의 없는 무단 전재 및 복제를 금합니다.
*잘못 만들어진 책은 바꿔드립니다.
*이 시집은 경남문화예술진흥원의 문화예술지원금 일부를 보조받아 제작되었습니다.